AF267040

IT 56
1101

LA

SITUATION DE LA FRANCE

AVANT ET APRÈS

LE DÉCRET DU 24 NOVEMBRE 1860

LA
SITUATION DE LA FRANCE

AVANT ET APRÈS

LE DÉCRET DU 24 NOVEMBRE 1860

PAR

HENRY MOREAU

BIBLIOTHÈQUE IMPÉRIALE

PARIS

CHARLES DOUNIOL, LIBRAIRE-ÉDITEUR

RUE DE TOURNON, 29

—

1861

LA
SITUATION DE LA FRANCE

AVANT ET APRÈS

LE DÉCRET DU 24 NOVEMBRE 1860

DE LA NÉCESSITÉ D'UN CHANGEMENT DE POLITIQUE INTÉRIEURE.

Le décret du 24 novembre et les mesures qui l'ont suivi ont été généralement envisagés comme les premiers pas du gouvernement français dans une voie différente de celle où il est entré le 2 décembre 1851. Pendant les neuf années qui viennent de s'écouler, tous les actes du pouvoir semblent tendre vers un seul but : la concentration de toutes les forces vitales de la société française dans les mains de l'Empereur. L'activité politique qui animait, à des degrés inégaux, les diverses classes de la population s'est peu à peu retirée d'elles pour refluer vers le gouvernement. Il y aurait quelque intérêt à passer en revue chacune des phases de cette politique, qui paraît enfin abandonnée, et à récapituler les efforts et les sacrifices qui ont été prodigués pour arriver à un but qu'aujourd'hui peut-être l'on craint d'avoir dépassé. Mais l'étude des modifications que le régime intérieur de la France a reçu ou est appelé à recevoir prochainement nous paraît plus opportune; nous allons l'entreprendre.

Les derniers actes du gouvernement apportent-ils un changement considérable dans la situation du pays ? Nous ne sommes pas en mesure de résoudre maintenant cette question ; le temps d'ailleurs ne saurait être éloigné où la lumière sera entièrement faite, et où nous pourrons dire si nous n'assistons qu'à un simple échange de fonctionnaires et de fonctions, ou si, comme nous n'avons cessé de le demander, la France renaît à la liberté politique, qui seule peut assurer sa prospérité et le repos de l'Europe.

Toutefois les faits qui viennent de s'accomplir ont un enseignement salutaire. Ils démontrent que, quelles que soient les incertitudes sur l'avenir de la France, notre patrie ne peut désormais, sans danger pour elle-même et pour la paix générale, rester longtemps étrangère à ses propres affaires, et nous félicitons le gouvernement d'avoir rendu hommage à cette vérité politique.

Quelles causes ont entraîné ce changement de système? Là encore nous éviterons de nous prononcer. Nous nous bornerons à exposer les circonstances au milieu desquelles la politique intérieure du gouvernement français nous paraît se modifier.

II

SITUATION DE L'EUROPE AU 24 NOVEMBRE 1860.

Nous examinerons d'abord l'état de nos relations extérieures ; ce sont elles, en effet, qui jusqu'ici ont conservé le privilége d'absorber le peu d'attention que la France consentait à prêter aux affaires publiques.

La question italienne est certainement une de celles qui constituent le péril le plus imminent pour la paix du monde. La confédération des États de la Péninsule, si conforme à la politique traditionnelle de la France, au génie et aux intérêts de l'Italie, semble plus éloignée que jamais de se réaliser Les succès de notre incomparable armée n'ont été égalés que par les étranges revers de notre diplomatie. Le gouvernement, nous en sommes convaincu, souffre plus qu'il ne le laisse paraître des démentis qu'un allié, qui lui doit tout, inflige à sa politique. Il faudrait être aveuglé par l'esprit de parti pour supposer que ceux qui sont chargés de diriger les affaires de la France peuvent voir, sans inquiétude, les tentatives qui ont pour objet la réunion des diverses souverainetés italiennes en un seul État.

La catholicité assiste avec indignation aux usurpations qui privent son chef de sa souveraineté temporelle, garantie si nécessaire à l'exercice indépendant de son autorité spirituelle. L'Italie n'est pas affranchie de la domination étrangère. Pendant que vingt-cinq mille Français sont campés dans le patrimoine de Saint-Pierre, l'Autriche, maîtresse de Venise, est décidée à défendre, avec une armée de trois cent mille hommes, les droits qui lui ont été conférés pour la première fois par le traité de Campo-Formio et qui ont reçu une solennelle confirmation à Villafranca et à Zurich. Le royaume de Naples, dans une résistance tardive mais opiniâtre, montre qu'il n'est pas disposé à accepter de plein gré l'annexion au Piémont. Enfin, excités par les éloges de l'Angleterre, mais comptant surtout, et sans doute bien à tort, sur notre concours, les partisans de l'unité provoquent l'Autriche et fixent déjà le jour prochain qui doit voir tomber sa domination en Vénétie.

Après de tels événements il n'est personne qui ose affirmer que la guerre n'éclatera pas, et, s'il y a quelque hésitation, c'est uniquement sur l'époque à laquelle commenceront les hostilités. Les espérances que les unitaires nourrissent de se voir appuyés par la France ont leur raison d'être dans les difficultés immenses de notre situation. Les engagements solennellement contractés à Villafranca et à Zurich, les périls mêmes devant lesquels nous nous sommes arrêtés sur les bords du Mincio, nous détournent de suivre le Piémont dans ses folles entreprises; mais, d'un autre côté, pouvons-nous laisser l'Autriche rétablir sa prépondérance dans la Péninsule? Si donc la guerre éclate encore en Italie, le théâtre des hostilités, suivant toute vraisemblance, s'agrandira. « La France, l'Allemagne et peut-être l'Angleterre, la Russie, seront entraînées à y prendre part ; ce sera une conflagration générale [1]. »

En effet, le sort de l'Italie n'est pas l'unique objet des appréhensions de l'Europe, et toutes les puissances se préparent à la lutte.

L'Angleterre semble avoir découvert, ce qui lui avait échappé pendant trente-cinq ans, que le moyen infaillible d'assurer la paix à laquelle elle a tant de motifs de tenir, c'est de se disposer à une guerre à outrance ; elle arme ses côtes et ses colonies ; Gibraltar, Malte et Corfou se hérissent de canons Armstrong, les paisibles citoyens des Trois-Royaumes, surmontant l'aversion que leur inspire la vie militaire, dérobent à leurs affaires privées ce temps dont ils connaissent si bien le prix pour s'exercer au maniement des armes ; le budget enfin consacre des sommes considérables à la mise des flottes de la Grande-Bretagne sur le pied de guerre. Tous ces préparatifs ne sont pas faits en vue des événements dont l'Italie peut être le théâtre ; l'Angleterre applaudit à la chute du pouvoir temporel du Saint-Père, aux échecs de notre diplomatie, elle désire l'unité de l'Italie, puisque nous ne pouvons y consentir ; mais elle ne ferait pas le moindre sacrifice en faveur d'une cause qui n'est pas la sienne : ses dépenses prodigieuses, ses immenses efforts, répondent donc à d'autres éventualités.

Quant à l'Allemagne, elle craint que l'intégrité de son territoire ne soit mise en question ; il s'y trouve, en assez grand nombre, des gens qui prêtent à la France des vues aggressives et ambitieuses, et ils invoquent à l'appui de leur dire des brochures plus impertinentes cependant qu'autorisées ; les vieilles haines se raniment et les souvenirs des grandes mêlées du premier Empire revivent. On se rendra compte du mouvement de l'esprit public chez nos voisins par ces paroles que nous retrouvons au *Moniteur* du 19 juin 1860, le lendemain de l'entrevue de Bade : « Le voyage rapide que vient de faire l'Empereur aura, nous n'en doutons pas, d'heureux résultats. Il ne fallait rien moins que

---

[1] *L'empereur François-Joseph Ier et l'Europe.*

la spontanéité d'une démarche aussi significative pour faire cesser ce concert unanime de bruits malveillants et de fausses appréciations. » L'entrevue de Bade, on le sait, a été suivie de celle de Tœplitz, puis de celle de Varsovie, et l'anniversaire de la bataille de Leipzig a été célébré avec un éclat inaccoutumé. Les souverains ne modèrent qu'imparfaitement cette émotion; malgré la gêne de leurs finances, ils ne cessent d'augmenter leur armée et de fabriquer des canons rayés; ceux même qui sont les plus opposés au système de la liberté politique prodiguent les concessions à leurs peuples, qu'ils espèrent ainsi soustraire aux influences révolutionnaires du dehors.

L'Espagne donne à son état militaire des développements considérables : elle ne peut, sans inquiétude pour sa dynastie, assister à la chute des trônes occupés en Italie par des princes de la maison de Bourbon ; enfin elle ne voit pas d'un bon œil des brochures, venues on ne sait d'où, qui, par amour pour le principe des frontières naturelles, proposent son annexion au Portugal.

Il n'est pas jusqu'aux États dont la neutralité est reconnue par le droit public européen qui, en présence des graves infractions qui y sont apportées, ne paraissent désormais compter plutôt sur l'efficacité de leurs armements que sur le respect des traités. La Belgique élève autour d'Anvers des fortifications qui feront de cette ville une sorte de camp retranché où, au jour du danger, le roi, les Chambres et une partie de l'armée attendraient avec sécurité les secours de nous ne savons quels alliés contre l'aggression d'une puissance étrangère, et les Chambres viennent de voter une loi qui fixe au chiffre énorme de quatre-vingt mille hommes le contingent de l'armée belge pour l'année 1861. La Suisse prend des précautions analogues.

Une agitation mystérieuse soulève les peuples de race slave, des dépôts d'armes clandestins s'établissent sur les rives du Danube; les Bulgares cherchent, dans le retour à l'unité catholique, au moins autant la satisfaction de leurs intérêts politiques que celle de leurs sentiments religieux; les Hongrois reçoivent avec un dédain marqué les institutions que la cour de Vienne leur restitue, un peu tardivement il est vrai; toutes ces populations semblent moins compter, pour changer la forme de leur gouvernement, sur leurs armées insurrectionnelles que sur le concours d'une grande nation qu'ils considèrent à tort comme leur auxiliaire.

Toutes les passions fermentent, toutes les ambitions s'excitent, toutes les convoitises s'allument, toutes les cupidités s'éveillent. M. Mirès prédit à l'Empire Ottoman d'éclatantes destinées, et garantit de l'autorité de sa parole la promesse quelque peu suspecte par laquelle la Porte assure à ceux qui souscriront ses obligations un intérêt de dix pour cent; le prince du Monténégro laisse entrevoir aux pâtres qu'il gouverne un avenir disproportionné avec l'importance de cette petite tribu guerrière; don Juan de Bourbon rivalise avec le malheureux comte de Syracuse par les avances les moins prévues aux éternels ennemis de sa maison, et sollicite le concours de Victor-Emmanuel pour doter l'Espagne du suffrage universel; enfin la Sardaigne signifie à la Suisse qu'elle entend conserver le monopole de la confiscation des biens ecclésiastiques et qu'à elle seule doit revenir le profit du séquestre des biens de l'évêché de Côme, situés dans le canton du Tessin.

Les plans les plus singuliers surgissent de tous côtés : il n'est pas de rêveur qui ne se croie appelé par la Providence à remanier la carte de l'Europe. Tel pays doit disparaître parce qu'il n'a pas de nationalité qui lui soit propre, tel autre parce qu'il n'a pas de frontières naturelles. Les traités, les traditions, les différences de langage et de mœurs ne sont que des obstacles insignifiants pour ces grands politiques, ils croient avoir changé les bases sur lesquelles repose la société, ils n'ont du juste et de l'injuste, du bien et du mal, qu'une notion imparfaite, et nous ne serions pas surpris de voir une société de spéculateurs proposer une tombola gigantesque comme le fondement le plus solide du nouvel équilibre européen.

De tels projets courent le monde, et leurs auteurs cherchent à leur donner crédit en se targuant d'adhésions dont le seul bon sens leur interdit de se prévaloir. Ainsi, au moment où les derniers actes du pouvoir semblent adresser à l'opinion publique un appel inattendu, l'Europe parait redouter une guerre générale.

III

SITUATION DE LA FRANCE AU 24 NOVEMBRE 1860.

Dans quel état ce funeste événement, s'il éclatait, trouverait-il la France? quels efforts peuvent-ils y être tentés pour empêcher une rupture pleine de périls?

Notre organisation, comme le faisait remarquer, à juste titre, un document officiel, a son côté brillant et ses côtés défectueux. Son côté brillant, c'est une armée nombreuse, aguerrie, dont la valeur fait notre orgueil et l'admiration des étrangers. La France a aussi un grand crédit; cependant, si notre situation financière n'est pas, comme celle de plusieurs autres États, à la merci de la première crise venue, elle a des embarras dont il serait dangereux de méconnaître la gravité.

Nos finances sont engagées dans des entreprises considérables; des travaux, hors de proportion avec ceux qui avaient été exécutés jusqu'alors, se poursuivent sur tous les points de notre territoire; l'armée et la marine absorbent chaque année d'énormes crédits; le traité de commerce avec l'Angleterre et les mesures qui en ont été les conséquences ont atteint une des branches les plus fructueuses du revenu public; l'amortissement est encore suspendu sans qu'il soit possible de fixer l'heure de son rétablissement; les impôts nouveaux et les augmentations notables qui, jusqu'en 1859, se sont produites dans les impôts anciens, ne suffisent plus à couvrir les dépenses croissantes de l'État. Alors même que la paix si ébranlée s'affermirait, le grand-livre de la dette publique, qui, depuis le 2 décembre 1851, s'est ouvert pour l'inscription de rentes représentant un capital de plus de deux milliards et demi, devrait encore, à notre avis, procurer d'autres ressources. Malgré le développement des affaires, la rente française ne peut atteindre les cours élevés qu'elle avait avant 1848, elle est distancée par la rente anglaise avec un écart qui varie entre 25 ou 50 pour 100.

Les embarras de nos finances sont donc sérieux, ils sont dus à des dépenses exagérées et parfois improductives, et surtout aux charges qui résultent de la guerre.

Le gouvernement, il est vrai, veut la paix, il ne peut oublier qu'il en a fait la condition principale du contrat qu'il a proposé jadis à la France ; néanmoins le pays ne jouit pas des bienfaits de la paix.

Les tristes fruits de la guerre, en effet, ne cessent pas avec les hostilités entre les puissances belligérantes; ils se prolongent tant que les craintes d'une nouvelle rupture existent. Si les gouvernements et les peuples sont disposés à apporter dans leurs rapports non-seulement de la courtoisie, mais des intentions conciliantes ; si, loin de soulever des questions irritantes dont la solution peut être aisément ajournée, ils se bornent à vider les débats qui naissent naturellement des événements de chaque jour; si l'on n'envisage pas la guerre universelle comme le moyen le plus efficace d'arriver à la paix perpétuelle, les difficultés s'aplanissent d'elles-mêmes, la paix repose sur de solides fondements et ne tarde pas à produire ses fruits : les ambitions s'apaisent, les armées rendent à l'agriculture et à l'industrie une partie de leurs contingents, les mariages se concluent et la population s'accroît, les sommes consacrées aux dépenses de la guerre restent dans les mains des contribuables et y fructifient, ou défrayent des travaux publics qui assurent au commerce de nouveaux débouchés; le crédit de l'État s'élève, celui des particuliers s'étend, des entreprises qui exigent un avenir de sécurité et d'ordre se fondent et prospèrent; les nations rivalisent pour accroître leur richesse et développer leur civilisation.

Si, au contraire, les puissances ne songent qu'à donner satisfaction à leurs intérêts égoïstes, à leur amour-propre ou à leurs rancunes, les relations entre elles deviennent plus difficiles; des actes ou des paroles, que dans d'autres dispositions personne n'aurait songé à relever, sont signalés, commentés, envenimés ; ce n'est pas encore la guerre, mais ce n'est plus la paix, et les effets de la guerre reparaissent, la confiance diminue, les affaires se ralentissent, la substance du peuple se consume dans des dépenses stériles, la population du pays reste stationnaire et même diminue, la tranquillité n'est nulle part.

La France souffre en ce moment d'un malaise analogue à celui que nous venons de décrire; personne, nous en sommes malheureusement convaincu, n'osera soutenir le contraire[1].

Le gouvernement a-t-il en face de lui ce que la presse officieuse de tous les rangs et de toutes les couleurs appelle les *anciens partis?*

Cette presse parle d'*ambitions rentrées*, de *dépits impuissants*, de *déclassés politiques*; elle veut faire croire à des divisions qui n'existent plus. Depuis le jour où Louis XVI, s'efforçant de répondre aux désirs de son peuple, convoqua les états généraux, il y a eu dans l'immense majorité de la nation une identité absolue d'aspirations vers un gouvernement qui puisse assurer au pays l'ordre, la liberté politique et le respect de la dignité nationale. Unis quant au but vers lequel ils

---

[1] « Si le choc est retardé, alors c'est une perturbation pire peut-être que la guerre. Au lieu d'une crise violente qui, par l'excès du mal, donnerait l'espoir d'une réaction, c'est l'attente, c'est la peur de la guerre !

« Et ce mal terrible ne fait-il pas déjà sentir ses étreintes? Les capitaux inactifs, accumulés par les comptes courants dans nos grands établissements de crédit, ne dépassent-ils pas déjà un demi-milliard? On craint les nouveaux engagements, on ajourne les opérations à longs termes. Un peu plus, et l'on verra les travaux se ralentir, on suspendra les grands projets d'amélioration publique, l'or se retirera, les bras se croiseront; il se fera un temps d'arrêt dans la production! Et qu'est-ce que la production? la production normale, quotidienne? C'est le pain et la viande de chaque jour, c'est le luxe du riche, c'est le nécessaire du pauvre, c'est l'épargne de tous les états, de toutes les professions, qui paye le médecin, l'école, le remplaçant, la dot des enfants; c'est la sécurité et la joie du foyer domestique, la santé, le bien-être, la vie de toutes les familles. » (*L'empereur François-Joseph Ier et l'Europe.*)

tendaient, les meilleurs esprits ont pu se diviser sur le mode par lequel ils espéraient y atteindre. Aussi, sous les gouvernements qui ont successivement régi la France, il y avait des gens qui attendaient du régime alors dominant la satisfaction de leurs espérances et le soutenaient; d'autres, au contraire, peu confiants dans le principe, les intentions ou la puissance de ce système, le combattaient.

Mais aujourd'hui que ces divers gouvernements ne sont plus, les vieilles causes de défiance n'ont aucune raison d'être; il n'y a plus d'*anciens partis*, ou, si l'on tient absolument à cette locution, il ne reste plus que l'ancien parti, le parti de la France, la France elle-même, qui, après un labeur de quatre-vingts ans, veut enfin jouir des droits, des libertés, des principes, des progrès qu'elle croit avoir payés assez cher.

Quant aux hommes qui ont servi les anciens gouvernements de la France, leur attitude et leurs actes sont loin de justifier les accusations malveillantes dont ils ont été l'objet. Fidèles à leur passé, à leurs regrets et à leurs espérances, ils ne pouvaient donner à un régime dont les principes étaient opposés aux leurs un concours que leur conscience aurait réprouvé Quelques-uns d'entre eux cependant avaient cru, dès l'origine, pouvoir suivre la ligne de conduite qu'ils avaient déjà adoptée sous la monarchie de Juillet et sous la République. Ils consentaient à servir leur pays dans des fonctions électives qu'ils n'auraient tenues que des seuls suffrages de leurs concitoyens; ils ont été bientôt découragés par la manière dont les agens trop zélés de l'administration ont pratiqué la liberté des élections; ils n'ont pu se résigner à voir leurs intentions les plus pures travesties, leur probité politique attaquée, leur patriotisme méconnu, pour les besoins de la lutte électorale, par des adversaires qui paraissaient peu redouter les dangers de la contradiction; ils ont préféré à des agitations sans dignité une retraite où l'estime publique les a accompagnés.

La presse a également cessé ces polémiques si vives qui passionnaient puissamment le pays. Si le pouvoir jusqu'à ce jour a profité de cet apaisement général, il s'aperçoit peut-être que les choses ont été trop loin, et que la vie politique s'est peu à peu retirée de la France, ce qui n'est pas non plus sans inconvénients.

La masse de la nation est livrée à la dernière indifférence. Elle s'est laissé éloigner des affaires publiques sans murmurer. Elle aime la guerre par tempérament, mais le soin de ses intérêts et le souci de son bien-être la portent, dès l'ouverture des hostilités, à désirer ardemment la paix. Elle assiste aux graves événements qui soulèvent le vieux monde avec la placidité d'un spectateur blasé, distrait, ou qui n'a pas la clef de ce qui se passe sur la scène. Les élections municipales du mois d'août 1860 dans les grandes villes prouvent cette apathie jusqu'à l'évidence : presque partout l'immense majorité des citoyens s'est abstenue de remplir ses devoirs civiques. L'administration ne peut décliner entièrement la responsabilité de cette inertie. En effet, quand les préfets rencontraient dans les conseils municipaux, non pas de l'opposition, mais une simple contradiction, ils étaient disposés à la transformer en une déclaration de guerre contre le régime impérial et à user de leur pouvoir discrétionnaire pour y mettre un terme. Le ministre recommandait à ses agents plus de mesure : ses conseils n'étaient pas écoutés et ne servaient qu'à constater l'existence du mal[1]. Aussi comprend-on que devant ces excès de zèle blâmés, mais impunis,

---

[1] Nous citerons, entre plusieurs circulaires, qui ont toutes le même objet, celle du 20 novembre 1856, signée par M. Billault :

« Les arrêtés de suspension des conseils municipaux et les demandes de dissolu-« tion deviennent chaque jour plus nombreux...

« Les administrations se laissent trop facilement entraîner au désir de briser d'in-« commodes résistances, plutôt que d'employer à les vaincre leur influence person-« nelle et le concours de l'opinion publique, qui ne s'aveugle jamais longtemps sur « ses propres intérêts.

« J'ai eu souvent le regret de remarquer cette tendance à ne comprendre de « l'autorité que ses rigoureuses exigences, et à perdre de vue que le moyen de bien « servir le gouvernement de l'Empereur, c'est de le faire aimer.

« Je tiens, Monsieur le Préfet, à ce que toutes les administrations locales rentrent « à cet égard dans la voie que vous ont constamment tracée les instructions de mes « prédécesseurs et les miennes. »

La circulaire du 20 novembre 1856 n'a pas été plus efficace que celles qui l'avaient précédée

la grande masse du pays ait cédé à une indifférence qui avait déjà
tant d'attrait pour elle.

Les affaires d'Italie, cependant, ont ému l'opinion publique autant qu'elle pouvait l'être. Le clergé, mécontent et inquiet, fait en-
tendre des paroles pleines d'amertume et de défiance auxquelles on
était peu accoutumé ; les évêques rappellent au souvenir des ministres leurs engagements solennels au sujet du pouvoir temporel du
Pape, et n'admettent pas qu'il suffise, pour se dégager, d'invoquer
« la force d'événements imprévus qui peuvent contraindre les plus
loyales intentions de se modifier elles-mêmes.»

Si les catholiques et les conservateurs sont attristés, le pouvoir,
d'un autre côté, est pressé de leur donner de nouveaux sujets de
mécontentement, par l'école du *Siècle* et par tous ceux qui, à notre
grand étonnement, nous ont déclaré qu'ils étaient de sa suite.

IV

LE DÉCRET DU 24 NOVEMBRE 1860 ET LES ACTES DE M. DE PERSIGNY.

En présence des graves événements qui peuvent s'accomplir en Europe, et de la situation de la France, deux voies sont ouvertes au gouvernement. Il faut, comme il l'a reconnu lui-même, dans une situation
analogue, avant les préliminaires de Villafranca, qu'il s'appuie franchement sur la révolution à l'intérieur et à l'extérieur, ou bien qu'il
fasse appel aux forces vives du pays. Ce dernier parti, de beaucoup le
plus sage, semble avoir été encore une fois préféré. Ce choix est
habile, et répond aux vœux de la partie saine de la nation. Mais il ne
suffit pas de faire appel aux forces vives du pays, il est nécessaire,
pour qu'elles répondent à cet appel, qu'elles existent; il n'y avait donc
plus de temps à perdre; il ne fallait pas, à l'exemple de Napoléon Ier,

attendre le jour où il aurait été impossible de « jeter du phlogistique dans le sang de ce peuple devenu si endormi et si apathique. »

Le décret du 24 novembre 1860 remplira-t-il ce but? Pendant quelques jours, il est vrai, le sens de cet acte avait pu paraître obscur; s'il annonçait l'intention d'assurer aux grands corps de l'État une participation plus directe aux affaires publiques, il ne faisait pas pressentir de changements immédiats dans le personnel de l'administration, et l'on se demandait avec quelque inquiétude comment le nouveau système pourrait être compris et pratiqué par les conseillers de l'ancien. L'arrivée de M. de Persigny aux affaires, les deux circulaires qu'il a adressées aux préfets, la remise des avertissements aux journaux et l'amnistie des condamnations et poursuites pour délits de presse, ont éclairé davantage l'œuvre du 24 novembre 1860, et commencent à donner raison à ceux qui croient à un changement de politique.

M. de Persigny a su depuis longtemps mériter une estime à laquelle nous sommes heureux de rendre témoignage. Le personnage marquant de notre nouveau cabinet s'est adressé aux hommes dont il a été le constant et loyal adversaire avec une dignité de langage qu'ils étaient peu habitués à rencontrer. Comme eux, mais sous un drapeau différent, il a toujours servi avec honneur; il ne les convie donc pas à une désertion qui les avilirait sans renforcer le pouvoir, il comprend qu'ils veuillent rester fidèles à leur passé; il les invite à renoncer à une abstention préjudiciable aux affaires publiques, et à rendre au pays, qui a besoin de toutes ses forces, le libre concours de leurs travaux dans les assemblées électives et dans la presse.

M. de Persigny est dans les meilleures conditions pour entreprendre ce qu'il appelle l'œuvre de « l'acclimatation de la liberté en France; » il est à l'abri du soupçon; il n'a pas, on le sait, de porte de derrière; il a hautement professé son admiration et son amour pour le régime impérial, alors que tant d'hommes, dont le dévouement devait affecter plus tard des formes si bruyantes, se disaient les serviteurs passionnés d'autres institutions. Quand donc M. de Persigny engage la presse à sortir du mutisme dans lequel elle croyait trouver la sécurité, quand il dit aux journaux qu'ils peuvent rechercher librement toutes les garanties nécessaires au retour et au développement des libertés publiques, à la condition de ne pas attaquer le principe du gouvernement et la dynastie, il mérite d'être cru : aussi ne craignons-nous pas, sans autre gage que sa parole, de nous livrer à l'examen de la phase nouvelle dans laquelle notre politique intérieure vient d'entrer.

V

DE LA DISCUSSION ET DU VOTE DES ADRESSES PAR LES CHAMBRES.

Le décret du 24 novembre 1860 promet au Corps législatif et au Sénat une participation plus directe dans les affaires de l'État, et introduit quelques changements dans l'ordre de leurs travaux.

Désormais, « les deux Chambres, » comme le décret les appelle, voteront tous les ans, à l'ouverture de leur session, une Adresse en réponse au discours de la Couronne. Ce vote sera précédé d'une discussion dans laquelle interviendront des commissaires du gouvernement qui donneront aux Chambres toutes les explications nécessaires sur la politique intérieure et extérieure de l'Empire.

Quand les Chambres tenaient de la Constitution même le contrôle souverain des affaires du pays; quand chacun de leurs membres avait une initiative illimitée; quand les ministres présents aux séances pouvaient être constamment tenus de s'expliquer sur leurs actes ou sur ceux de leurs agents, soit par des interpellations directes, soit à l'occasion des pétitions des citoyens; quand enfin les Chambres, dans des ordres du jour motivés, manifestaient leur satisfaction ou leur défiance, la discussion des Adresses, qui durait quelquefois un mois, était au moins superflue. Aussi cette perte de temps était-elle exploitée avec une rare perfidie par les ennemis du gouvernement parlementaire; et cependant la tribune de la Chambre des députés était alors illustrée par MM. Barrot, Berryer, Dufaure, Guizot et Thiers, et celle de la Chambre des pairs par MM. de Broglie, Cousin, Molé, de Montalembert et Villemain [1].

Mais nous ne pouvons juger sainement le présent avec les souvenirs du passé; nous sommes encore fort loin du gouvernement représentatif ou parlementaire, comme on voudra l'appeler, et si le retour aux anciennes Adresses nous paraît périlleux pour un gouvernement de ce genre, il ne nous semble pas avoir les mêmes inconvénients sous la constitution qui nous régit.

Les grands corps de l'État, en effet, n'ont aucune des prérogatives des anciennes assemblées; le Corps législatif surtout n'a aucune initiative, il n'a pas de rapports légaux avec l'administration, il ne peut voter d'ordre du jour motivé. Là discussion des Adresses comble donc une véritable lacune dans l'organisation des grands corps de l'État, elle leur permet de passer en revue les affaires du pays, et d'exprimer leur opinion sur la politique intérieure et extérieure.

L'Adresse n'aura de valeur réelle qu'autant qu'elle aura été précédée d'un examen approfondi, et par conséquent d'une assez longue durée. Si la discussion de l'Adresse a lieu dans ces conditions, elle répondra au but que le gouvernement doit se proposer, elle l'éclairera sur les effets de sa politique et de ses actes, elle intéressera davantage les citoyens aux affaires publiques, elle les habituera peu à peu à l'idée de rentrer dans la vie politique qu'ils semblent avoir désertée,

---

[1] Le Dʳ Véron, député au Corps législatif, apprécie en ces termes, dans son livre sur : *Quatre ans de règne*, la discussion des Adresses :

« La suppression de l'Adresse, cette réponse annuelle au discours de la Couronne, est pour le Corps législatif une grande économie de temps et de paroles; c'est de plus une sécurité politique. Cette guerre de portefeuilles entre l'opposition et le ministère ; ces duels plus ou moins littéraires où l'on se battait, où l'on se blessait à coups d'épithètes, d'insinuations et de réticences, semblaient ne menacer de mort que les ministres, et cependant ils portaient des coups funestes à la Couronne : l'Adresse des 221 n'a-t-elle pas tué une royauté ? »

elle les préparera à attacher plus d'importance aux élections de tous les degrés et leur fera comprendre la nécessité de choisir, pour leurs représentants, les hommes qui, par leurs lumières et leur honorabilité, leur paraîtront les plus capables d'exposer avec indépendance les griefs et les vœux du pays.

Ces heureux résultats ne se produiraient pas toutefois si le vote et la discussion de l'Adresse étaient réglementés de façon à priver de toute initiative les membres des deux Chambres, si les députés et les sénateurs ne pouvaient proposer de paragraphes additionnels au projet d'Adresse rédigé par la commission, si les documents qui leur seront communiqués étaient insuffisants : dans ce dernier cas, l'enquête que le pouvoir veut ouvrir chaque année sur la situation du pays manquerait de vérité et ne lui donnerait pas les éclaircissements dont il a besoin. Quel sujet de triomphe ne serait-ce pas pour les journaux étrangers qui se sont obstinément refusé à prendre au sérieux l'acte du 24 novembre 1860!

VI

INSTITUTION DES MINISTRES SANS PORTEFEUILLE.

Les rapports du gouvernement et des Chambres deviendront plus intimes par l'intermédiaire des ministres, qui, de concert avec le président et les membres du conseil d'État, défendront les projets de loi.

L'absence des ministres dans les discussions du Corps législatif a souvent été regrettée. Les chefs de nos administrations peuvent seuls, en effet, répondre en connaissance de cause aux questions soulevées par les débats législatifs, et plus d'une fois les commissaires du gouvernement sont restés court et n'ont pu fournir les explications les plus simples [1]. Dorénavant les discussions seront suivies par des ministres sans portefeuille, qui, dit le décret du 24 novembre 1860, « ont le rang et le traitement des ministres en fonction, font partie du conseil des ministres et sont logés aux frais de l'État. »

Cette institution complique notre mécanisme législatif et augmente les charges du budget sans remplir le but que le gouvernement s'est proposé. Les ministres sans portefeuille, étrangers aux détails de l'administration, ne pourront parler d'une façon plus persuasive que les commissaires du gouvernement pris dans le conseil d'État. Avant le décret du 24 novembre, M. le président du conseil d'État siégeait au conseil des ministres, et cependant, malgré son habileté et son incontestable dévouement à nos institutions, il a quelquefois fléchi sous la charge de défendre les actes des ministres

Les véritables ministres seraient parfaitement à leur place dans les Chambres. La plupart d'entre eux siègent déjà au Sénat et prennent part à ses travaux. Les quelques procès-verbaux de ce grand corps qui ont été publiés nous montrent qu'en parlant sur les affaires du pays, ils ne se dépouillent pas de leur qualité de ministres, et que leurs paroles ont l'autorité qui s'attache à la pensée gouvernementale, dont on les croit les organes, plus encore qu'à leur illustration personnelle.

Mais, dira-t-on, ils sont irresponsables envers les Chambres. Cela est vrai; cette irresponsabilité veut dire simplement qu'ils ne sont pas à la merci d'un vote de confiance.

Les ministres sans portefeuille ne nous paraissent destinés qu'à une existence transitoire; ils prépareront les voies à leurs collègues.

---

[1] Le livre intitulé : *Quatre ans de règne,* contient le récit d'un incident de ce genre qui s'est produit lors de la discussion du projet de loi pour le réseau pyrénéen. L'auteur y ajoute les réflexions suivantes : « Cette scène mettait en relief les inconvénients pratiques qui peuvent résulter de l'exclusion des ministres des séances du Sénat et du Corps législatif. »

VII

EXERCICE DU DROIT D'AMENDEMENT.

Le règlement du Corps législatif reçoit encore une autre modification qui a pour but de « lui faciliter l'expression de ses opinions dans la confection des lois, et l'exercice du droit d'amendement. »

Les projets de lois qui n'auront pas le caractère d'urgence, ou qui n'auront pas pour objet l'intérêt local, seront discutés sommairement, en comité secret, immédiatement après leur distribution et avant la nomination de la commission. Les commissaires du gouvernement prendront part à la discussion.

L'usage seul peut montrer la valeur pratique de cette innovation. Nous nous bornerons donc à la mentionner, et nous passerons immédiatement au mode par lequel le droit d'amendement s'exercera désormais.

Sous l'empire du décret du 30 décembre 1852, qui réglemente les travaux du Corps législatif, le droit d'amendement n'avait, pour ainsi dire, qu'une existence nominale. Tout amendement devait être proposé, avant le dépôt du rapport de la commission chargée par la Chambre d'examiner le projet de loi, et cet amendement n'était soumis à la discussion générale et au vote de l'Assemblée qu'autant que, revêtu de la double adhésion de la commission et du conseil d'État, il figurait dans le projet définitif du conseil d'État. Ainsi la Chambre n'était jamais saisie directement d'un amendement émanant de l'initiative d'un de ses membres ou même de sa commission, elle ne statuait que sur une proposition du conseil d'État.

La Chambre n'aura plus désormais à opter immédiatement entre l'adoption et le rejet définitif de chaque article; elle pourra, aux termes de l'article 54 du décret du 22 mars 1852, remis en vigueur par l'article 5 du décret du 24 novembre 1860, non pas discuter et voter les amendements proposés par sa commission ou par l'un de ses membres sans l'assentiment du conseil d'État, mais simplement manifester ses préférences dans la discussion; puis, en rejetant l'article du projet, elle mettra sa commission et le conseil d'État en demeure de se livrer à un nouvel examen, pendant lequel le droit d'amendement pourra encore être exercé jusqu'au dépôt d'un nouveau rapport [1].

Les articles 5 du décret du 24 novembre 1860, et 54 du décret du 22 mars 1852, assurent plutôt au Corps législatif le moyen de manifester son opinion sur les articles des projets de loi qu'ils ne lui garantissent le moyen efficace de la faire triompher. Il aura en quelque sorte la faculté d'en appeler du conseil d'État mal informé au conseil d'État mieux informé; telle est l'extension que vient de recevoir l'exercice du droit d'amendement.

Cette extension nous paraîtrait assez insignifiante, si elle n'entraînait comme conséquence forcée un changement complet dans le mode de votation du budget.

VIII

DU VOTE DU BUDGET.

Le budget, aux termes de l'article 12 du sénatus-consulte organique de l'Empire du 25 décembre 1852, est d'abord voté par minis-

---

[1] L'article 54 du décret du 22 mars 1852 est ainsi conçu :

« S'il intervient sur un article un vote de rejet, l'article est renvoyé à l'examen de « la commission.

« Chaque député peut alors, dans la forme prévue par les articles 48 et 49 du « présent décret, présenter tel amendement qu'il juge convenable.

« Si la commission est d'avis qu'il y a lieu de faire une proposition nouvelle, elle « en transmet la teneur au président du Corps législatif, qui la renvoie au Conseil « d'État.

« Il sera alors procédé conformément aux articles 51, 52 et 53 du présent décret, « et le vote qui intervient au scrutin public est définitif. »

tères, ensuite la répartition par chapitres des crédits votés s'opère par décret impérial; cette répartition elle-même n'est pas encore définitive et peut toujours, jusqu'à la clôture de l'exercice, être modifiée par d'autres décrets qui autorisent le virement des fonds d'un chapitre à un autre chapitre du même département. Les rédacteurs du sénatus-consulte ont déclaré qu'ils ne s'étaient décidés à proposer un changement aussi radical dans le vote du budget qu'avec la certitude d'établir un meilleur ordre dans les services publics, et même d'obtenir des économies considérables par la suppression des demandes de crédits supplémentaires. L'expérience de ce système est aujourd'hui concluante, et, si nous en devons croire la plupart des commissions chargées par le Corps législatif d'examiner les lois de finances, elle est loin de répondre aux espérances que le pays avait pu concevoir. Les crédits supplémentaires viennent chaque année, comme par le passé, déconcerter les prévisions des auteurs du budget. Non-seulement ils n'ont pas disparu, mais, au lieu de s'appliquer, suivant les anciens usages, à certains chapitres désignés d'avance dans une nomenclature annexée à la loi annuelle des finances, ils peuvent être également ouverts pour tous les chapitres du budget. D'après la loi du budget de 1855, la ratification du crédit supplémentaire, et par conséquent l'appréciation de la dépense, n'est proposée au Corps législatif qu'après la clôture de l'exercice, c'est-à-dire lorsque les faits peuvent être consommés depuis deux ans. M. Troplong se trompait donc quand, dans son rapport du sénatus-consulte du 25 décembre 1852, il disait « que l'emploi de l'impôt devrait se mouvoir avec liberté dans les zones flexibles d'un cercle déterminé. » Le cercle est devenu aussi flexible que les zones. Aussi, à chaque session, le Corps législatif a-t-il émis, au nom du bon ordre de nos finances, le vœu du rétablissement de la spécialité, au moins dans des limites restreintes [1].

On a soutenu que le décret du 24 novembre 1860 restituait expli-

---

[1] L'exposé des motifs du sénatus-consulte du 25 décembre 1852, signé par MM. Baroche, Rouher et Delangle, indique les inconvénients suivants comme résultant de la spécialité dans le vote des lois de finances;

citement au Corps législatif le droit de voter le budget par chapitres, en faisant revivre les dispositions des articles 52 et 55 du décret du 22 mars 1852. Les termes de l'article 5 du décret du 24 novembre 1860 permettaient certainement cette appréciation, qu'aucun commentaire officiel n'est venu affaiblir[1]. Si toutefois quelque difficulté s'élevait sur la portée de l'article 5, nous ferions remarquer que l'on ne peut refuser au Corps législatif le droit de voter le budget par chapitres sans réduire à de mesquines proportions les changements

« Un relâchement dans la hiérarchie administrative ; la nécessité d'exagérer les évaluations de services pour ne pas être pris au dépourvu ;

« Un entraînement naturel à faire la dépense une fois votée ;

« Par suite, l'impossibilité pour un ministre de combiner un plan sérieux d'économie dans cette comptabilité compassée et méticuleuse qui ne lui laisse aucune liberté d'action ;

« En résumé donc, une augmentation quelquefois fictive, trop souvent réelle de la dépense ; par suite, des annulations de crédits et des demandes de crédits supplémentaires ; des difficultés et des lenteurs dans le contrôle de la cour des comptes. »

M. le président Troplong disait dans son rapport au Sénat : « L'expérience a montré le néant de ces abus de précautions malveillantes, et la France ne veut pas « qu'on garrotte, par les gênes d'une suspicion mesquine, un pouvoir posé par elle sur la puissante assise d'une confiance sans précédents. »

On peut consulter avec fruit les rapports de M. Devinck sur les budgets de 1859 et 1860, et celui de M. Segris sur les crédits extraordinaires de 1860.

[1] L'*Ami de la Religion*, dans son numéro du 1er décembre 1860, justifie en ces termes cette interprétation de l'article 5 du décret du 24 novembre :

« L'article 5, en effet, remet en vigueur l'article 54 du décret du 22 mars 1852 : cet article, dont nous avons donné plus haut le texte, renvoie aux articles 51, 52 et 55 du même décret, qui, par conséquent, revivent comme lui.

« L'article 55 est ainsi conçu : « A la séance fixée par l'ordre du jour, la discus-« sion s'ouvre et porte d'abord sur l'ensemble de la loi, puis sur les divers articles « OU CHAPITRES, S'IL S'AGIT DE LOIS DE FINANCES. »

« Cette disposition ne pouvait plus se concilier avec le nouveau mode de votation du budget, établi par le sénatus-consulte du 25 septembre 1852. Aussi ne figure-t-elle pas dans le décret du 30 décembre, qui modifie ceux des articles du décret du 22 mars 1852 qui se trouvaient en contradiction avec les innovations consacrées par le sénatus-consulte.

« Le décret de 1860 remet en vigueur l'article 55 du décret du 22 mars 1852 ; il suppose donc nécessairement que les dispositions qui avaient déterminé son abrogation n'existent plus ; il reconnaît au Corps législatif le droit de voter le budget par chapitres, droit que lui retirait l'article 12 du sénatus-consulte du 25 décembre 1852.

« Mais, nous dira-t-on, un décret impérial ne peut abroger un sénatus-consulte, et l'article 5 du décret du 24 novembre 1860 n'aura d'autre force que celle que

que reçoit en ce moment notre organisation intérieure. Le décret du 24 novembre 1860 annonce qu'il a pour but de donner au Corps législatif un témoignage éclatant de la confiance du gouvernement. Or le témoignage qui paraîtra le moins équivoque à cette assemblée, c'est certainement l'accomplissement d'un vœu qu'elle a manifesté avec une persévérance que rien n'a pu décourager.

En outre, l'extension donnée à l'exercice du droit d'amendement ne peut se concilier avec le maintien du vote du budget par ministères. Comment la Chambre pourrait-elle appeler de nouveau l'examen de la commission et du conseil d'État sur tel ou tel article qu'elle veut amender, si elle n'avait pas à voter cet article? Si donc le vote par chapitres n'était pas rétabli, le Corps législatif ne pourrait jouir dans la plus importante de toutes ses délibérations, celle du budget, des facilités que le gouvernement a entendu lui donner pour exercer le droit d'amendement.

<h2 style="text-align:center">IX</h2>

DU SÉNAT ET DE LA REPRODUCTION DES DÉBATS DES CHAMBRES.

D'après le décret du 24 novembre, un projet de sénatus-consulte doit être soumis au Sénat, afin d'autoriser la reproduction *in ex-*

pourra lui prêter un sénatus-consulte confirmatif. Cette objection serait fondée, si elle n'était réfutée à l'avance par le sénatus-consulte du 25 décembre 1852 lui-même.

« L'article 5 de ce sénatus-consulte a conféré à l'Empereur les pouvoirs les plus étendus. « Les dispositions du décret organique du 22 mars 1852, y est-il dit, « peuvent être modifiées par des décrets de l'Empereur. » Dès lors l'Empereur pouvait modifier par un simple décret l'article 55 du décret du 22 mars 1852, et décider ainsi souverainement que le vote du budget aurait lieu par ministères, alors même que le Sénat n'aurait pas pris, dans l'article 12 de son sénatus-consulte, l'initiative de cette mesure. Un décret suffit donc pour changer aujourd'hui le mode de votation du budget et rétablir l'ancien système; si le gouvernement, après avoir rendu au Corps législatif le vote du budget par chapitres, sollicite un sénatus-consulte, on ne pourra voir dans ce procédé qu'un acte de déférence envers un des grands corps de l'État, et non l'accomplissement d'un devoir que la Constitution lui impose. »

tenso, par la sténographie et l'insertion au *Moniteur*, des débats des Chambres.

Le Sénat ne manquera pas d'accueillir cette proposition, car elle assure à ses travaux, en les mettant au grand jour, un stimulant qui leur faisait absolument défaut.

La constitution donne à cette assemblée les pouvoirs les plus étendus. Aucune loi votée par le Corps législatif n'est promulguée avant d'avoir été scrupuleusement examinée par le Sénat, qui recherche si elle ne porte aucune atteinte à la constitution, à la religion, à la morale, à la liberté des cultes, à la liberté individuelle, à l'égalité des citoyens devant la loi, à l'inviolabilité de la propriété, au principe de l'inamovibilité de la magistrature et à la défense du territoire; le Sénat reçoit les pétitions des citoyens, et maintient ou annule les actes qui lui sont déférés ou dénoncés comme inconstitutionnels; il règle, par des sénatus-consultes, sous la sanction de l'Empereur, la constitution des colonies et de l'Algérie, le sens des articles de la constitution, et tout ce qui n'a pas été prévu par la constitution et qui est nécessaire à sa marche; il peut, dans un rapport adressé à l'Empereur, poser les bases de projets de loi d'un grand intérêt national ou proposer des modifications à la Constitution; en cas de dissolution du Corps législatif, et jusqu'à une nouvelle convocation, le Sénat en fait les fonctions et pourvoit, par des mesures d'urgence, à tout ce qui est nécessaire à la marche du gouvernement; enfin chaque année l'analyse des vœux des conseils généraux lui est transmise, afin de lui communiquer « les plus utiles indications pour la recherche de pensées d'améliorations et de progrès pratiques. »

Si nous rapprochons les actes du Sénat de ses immenses prérogatives, nous nous étonnons du peu d'usage qu'il en a fait. Le Sénat s'est borné, pour ainsi dire, au contrôle des lois qui lui venaient du Corps législatif. De toutes les lois qui lui ont été apportées, une seule, d'apparence fort inoffensive pourtant, n'a pas trouvé grâce devant lui, c'était la loi qui établissait un impôt municipal sur les voitures et les chevaux de luxe. La postérité comprendra difficilement les atteintes que ce projet pouvait porter « à la constitution, à la religion, à la morale, à la liberté des cultes, à la liberté individuelle, à l'égalité des citoyens devant la loi, à l'inviolabilité de la magistrature ou à la défense du territoire. »

Quant au droit d'initiative si largement conféré au premier des grands corps de l'État, il n'a absolument rien produit. Aucune des lois votées par le Corps législatif depuis neuf ans n'a son origine dans les méditations ou dans les travaux du Sénat, et cependant ces lois à elles seules suffiraient à démontrer que notre législation exigeait plus d'une réforme. Le Sénat a donc manqué de prévoyance ou d'activité.

Le Sénat n'a cassé aucun acte inconstitutionnel; or personne ne se fondera sur ce fait pour soutenir que les agents les plus zélés de l'administration n'ont jamais dépassé leurs pouvoirs, comme personne n'admettra que, sous le premier Empire, la presse était libre et la liberté individuelle respectée, parce que les commissions sénatoriales chargées de leur défense n'ont jamais fonctionné.

Le gouvernement lui-même s'est ému de la stérilité des délibérations du Sénat, et l'a déplorée dans une note du *Moniteur*. Tous les torts cependant n'étaient pas du côté du Sénat, car le règlement qui mettait ses travaux à l'abri du contrôle si nécessaire et si efficace de l'opinion publique le privait de toute activité politique. La vie des assemblées politiques a ses lois comme celle des individus. Si bien constitués qu'ils soient, les individus ne peuvent se développer que sous l'action vivifiante de l'air, de la chaleur et de la lumière. Les assemblées politiques n'exercent une influence réelle sur la société qu'autant qu'elles ont et qu'elles inspirent le sentiment de leur utilité, de leur puissance et de leur dignité.

L'exercice du droit de pétition trouve, dans la publicité des séances du Sénat, des garanties qui lui manquaient. Les pétitions, nous aimons à le croire, étaient l'objet du plus sérieux examen de la part de ce grand corps; mais rien n'en transpirait pour le public. Lorsque les citoyens verront dans le *Moniteur* les rapports des pétitions, les discussions qu'elles soulèvent et la décision du Sénat, l'usage de ce droit constitutionnel deviendra plus fréquent; le pays entier voudra faciliter au premier de nos grands corps la surveillance incessante que la constitution lui a confiée sur la marche générale des affaires du pays, et les fonctionnaires publics, informés de la sollicitude avec laquelle les abus de pouvoir sont réprimés, se garderont d'en commettre.

Les débats du Corps législatif obtiendront aussi un retentissement plus considérable. L'effet de cet appel à la publicité dépendra, toutefois, de la latitude dans laquelle on entend le faire.

Nous ne voyons dans la constitution, ni dans les décrets qui la mettent en pratique, aucune disposition qui interdise la discussion ou la reproduction isolée de tel ou tel fragment du compte rendu officiel des Chambres, et le législateur n'a pu et n'a voulu proscrire que les altérations ou les analyses incomplètes faites dans un esprit de parti. Mais quelques personnes estiment que la prohibition existe, et, en présence des suites mortelles d'une condamnation judiciaire, les journaux hésitent à user d'un droit contesté.

S'il n'est pas permis aux journaux de publier isolément le discours de l'un des membres des grands corps de l'État, si la presse ne peut examiner, louer ou critiquer les opinions de chaque orateur, l'innovation du décret du 24 novembre 1860 perdra presque toute son importance, car les journaux, quels que soient l'étendue de leur format et leur désir de manifester leur sympathie pour les discussions des grands corps de l'État, ne pourront les reproduire indistinctement, sous peine de ne pouvoir parler d'autre chose et par conséquent de perdre la plupart de leurs abonnés. Si tous les discours restent uniformément relégués dans les colonnes du *Moniteur universel*, combien de personnes iront-elles les y chercher? Dès lors cette publicité restreinte ne produira plus les effets que le gouvernement a dû rechercher, et les grands corps de l'État ne recevront pas l'impulsion puissante de l'opinion publique dont on reconnaît la nécessité.

Le sénatus-consulte qui réglementera la reproduction des débats parlementaires devra donc faire cesser toute équivoque, et la cause de la presse est trop, cette fois, la cause du Sénat lui-même, pour que la décision de cette assemblée ne soit pas certaine d'avance.

Ces changements dans l'organisation des Chambres ne seront sans doute pas les seuls, et nous y applaudissons sans réserve, parce qu'ils nous en promettent de plus importants. Ainsi le gouvernement, pour engager les Chambres à porter dignement leur nouvelle fortune et leur assurer une plus grande indépendance, fera sagement de renoncer au droit que lui a attribué le sénatus-consulte du 25 décembre 1852, de pourvoir par des décrets à l'organisation des grands corps de l'État. Il ne faut pas que, dans l'exercice des droits récents qui viennent de leur être conférés, les députés et les sénateurs puissent être troublés par la pensée que la même volonté qui a tout créé peut tout détruire.

X

DE LA PRESSE.

Les grands corps de l'État n'acquéreraient pas cependant cette autorité et cette considération, à laquelle le gouvernement attache un si juste prix, si la presse, par son travail de chaque jour, ne préparait, n'éclairait et ne propageait leurs discussions; mais la presse ne peut rendre un tel service qu'à la condition formelle de ne pas être inquiète sur sa propre existence.

M. de Persigny a mis à profit pour sa patrie le temps qu'il a passé dans l'ambassade de Londres, il a vu la presse anglaise à l'œuvre; il a apprécié le puissant concours que cette tribune toujours ouverte apportait à la politique de l'Angleterre, et il voudrait avoir l'honneur d'acclimater à son tour en France la liberté politique et la liberté de la presse.

« Que les abus, dit-il, dans la société ou dans le gouvernement « soient mis au jour, que les actes de l'administration soient dis- « cutés, que les injustices soient révélées, que le mouvement des « idées, des sentiments contraires, vienne éveiller partout la vie so- « ciale, politique, commerciale et industrielle, qui pourrait raison- « nablement s'en plaindre? »

M. de Persigny admet même que les partis se proposent « de faire pénétrer leurs idées, leurs doctrines, leurs sentiments, dans le gou- vernement de l'État. » Il veut seulement que la forme du gouverne- ment et la dynastie soient au-dessus de toute discussion.

Nous ne demandons pas autre chose pour la presse que la liberté dont M. de Persigny a si sagement tracé les limites, mais nous ne croyons pas, comme lui, qu'en acceptant ces conditions de discussion « les journaux français aient de fait et de droit la liberté de la presse comme en Angleterre. »

M. de Persigny reconnaît, avec une noble franchise, qu'en droit notre presse est soumise à une législation « exceptionnelle et dictato- riale, » il affirme ensuite qu'avant de jouir de sa pleine indépendance la presse anglaise a dû passer par les mêmes phases, et qu'à tout pren- dre le contrôle administratif qui résulte du régime des avertisse- ments n'est pas plus défavorable à la liberté de discussion que les rigueurs judiciaires qui ont protégé la dynastie de Brunswick contre les partisans des Stuarts.

M. de Persigny n'a pas aussi bien étudié le régime légal de la presse anglaise, qu'il n'a pénétré l'importance de son rôle dans les af- faires publiques : cela ne nous étonne pas. M. de Persigny est un homme d'État distingué, élevé dans des idées peu conformes à celles de la constitution britannique; il a eu d'ailleurs pendant son ambas- sade assez d'affaires urgentes et même *embrouillées* à traiter pour n'avoir pas le loisir d'approfondir historiquement et juridiquement la situation de la presse chez nos voisins. Il serait donc d'aussi mauvais goût de triompher des erreurs qui ont pu se glisser sous sa plume que de le comparer, comme on l'a fait, à Montesquieu : il vaut mieux lui signaler loyalement, comme il en a exprimé le désir, ce qu'il y a d'erroné dans ses appréciations.

Quoi qu'en ait dit M. de Persigny, la situation de l'Angleterre après la chute des Stuarts ne ressemble pas plus à celle de la France sous Napoléon III que la législation anglaise de cette époque n'a d'analogie avec nos lois de la presse. Le gouvernement impérial n'a eu ni guerre civile à vaincre, ni insurrection à étouffer, ni complots à réprimer, ni intervention étrangère à conjurer. Guillaume III, au contraire, dut conquérir l'Irlande soulevée contre lui et fidèle à Jacques II, pacifier l'Écosse, se tenir constamment en garde contre un parti qui n'attendait que l'occasion favorable pour lui disputer le pouvoir, calmer les scrupules et même braver le mauvais vouloir d'une partie considérable du clergé anglican attaché au droit divin, lutter contre le plus puissant souverain de l'Europe, allié redoutable de son compétiteur, veiller enfin sur ses conseillers eux-mêmes, ces perfides serviteurs de Jacques II, prêts à changer encore une fois de maître et à abandonner le nouveau pour l'ancien. Russell, son amiral, le trahissait; Godolphin, son ministre des finances, le vendait ; et Marlborough, son général, se disposait à le livrer. Cependant la presse ne fut pas de la part du gouvernement de Guillaume l'objet de rigueurs excessives. Elle était, avant son avénement, soumise à la censure établie par les Stuarts, et, sous son règne, la censure fut supprimée pour toujours. Depuis cette époque, la presse retomba sous le droit commun, sous l'application de la Coutume d'Angleterre, *common Law*. Les prévenus de délits ou de crimes commis par la voie de la presse étaient traduits devant le jury, qui reconnaissait l'existence du délit ou du crime; puis, sur le verdict affirmatif du jury, la peine autorisée par la Coutume était prononcée par le juge. L'office des juges ne dépendait pas, comme l'a dit M. de Persigny, du bon plaisir du monarque. Guillaume conféra aux magistrats anglais l'inamovibilité tant que le roi qui les avait institués gouvernait, et jusqu'à l'avénement de

Georges III, qui proclama le principe de l'inamovibilité absolue, les successeurs de Guillaume usèrent fort rarement, au début de leur règne, de la faculté qu'ils avaient de refuser l'institution. Les écrivains poursuivis ont donc toujours été protégés en Angleterre par les garanties du droit commun ; les peines prononcées en vertu de la *common Law* pouvaient être très-rigoureuses pour les crimes commis par la voie de la presse, ainsi que pour tous les crimes d'État, mais les mêmes faits étaient au moins aussi sévèrement réprimés dans les États du continent, où les individus poursuivis de ce chef étaient loin d'avoir les mêmes gages d'une impartiale justice.

Si donc notre législation présente des mesures dictatoriales et exceptionnelles, ce n'est pas en Angleterre, même à une époque où les mœurs étaient bien moins douces, qu'il faut en chercher l'équivalent.

Nous n'avons donc pas en droit la liberté de la presse comme en Angleterre. Les journaux sont en quelque sorte à la merci de l'administration, et, comme l'administration peut n'être pas toujours dans les mains d'un ministre honnête, intelligent et libéral, comme M. de Persigny, les propriétaires des journaux n'ont aucune sécurité.

Le régime des avertissements peut se juger aujourd'hui par une expérience de neuf années. Il suffit, en effet, de parcourir le catalogue des avertissements annexé par M. Léon Vingtain à son intéressant ouvrage sur la liberté de la presse, pour se convaincre que ce régime protége tout autre chose que la forme du gouvernement ou la dynastie impériale : il donnait aux ministres et aux préfets le moyen d'interdire la discussion de leurs actes ; or il aurait fallu que ces fonctionnaires eussent été doués d'une vertu surhumaine pour ne pas assurer leur repos par l'exercice de ce moyen d'intimidation. Ils ont même été plus loin, ils ont perfectionné le système du contrôle administratif de la presse en complétant les avertissements officiels par les avertissements officieux que la loi n'autorisait ni ne défendait. Aussi la presse n'a cru pouvoir échapper à une ruine complète qu'au prix d'un silence absolu sur les actes de l'administration générale et locale. Dans toutes les branches des services publics, des abus se sont produits qui n'auraient jamais existé ou auraient été promptement réprimés, si la presse les eût signalés. Les journaux n'étaient plus considérés par certains préfets que comme des organes de leur administration[1]. Une amnistie complète avait effacé, il y a dix-huit mois à peine, les anciens avertissements, et les rigueurs administratives avaient redoublé depuis, comme pour regagner le terrain perdu.

Voulons-nous d'ailleurs nous rendre un compte exact de la valeur du régime des avertissements, nous n'avons qu'à examiner les pays où il est en vigueur. Il y a en Europe deux courants très-différents : l'un entraîne les peuples vers la civilisation et le progrès par la liberté et la diffusion des lumières; l'autre, au contraire, les refoule dans l'impuissance d'une éternelle minorité. Eh bien, aucun des gouvernements qui sont dans la première voie n'a suivi notre exemple. Le système des avertissements, au contraire, nous a été successivement emprunté par l'Autriche, la Russie et la Turquie. Il n'est pas jusqu'à la république de Haïti qui ne l'ait étendu à la liberté individuelle et n'en ait fait le préliminaire de la déportation.

M. de Persigny a tort de considérer le pouvoir comme complétement désarmé vis-à-vis de la presse, si le régime des avertissements

---

[1] M. A. Pouchet, rédacteur en chef du *Moniteur* du Puy-de-Dôme, a annoncé au mois d'avril dernier qu'il quittait ce journal, « étant appelé ailleurs par la bienveillante confiance du gouvernement. » Le règlement donné par M. le préfet de l'Aveyron à l'*Aigle* de Rodez jette une singulière lumière sur la situation faite à la presse départementale avant la circulaire de M. de Persigny. Enfin, contrairement aux prescriptions de l'article 23 du décret organique de la presse du 17 février 1852, un assez grand nombre de préfets avaient donné les annonces judiciaires au journal du chef-lieu du département, au détriment des journaux d'arrondissement et surtout des justiciables, qui ont intérêt à voir les annonces de vente faites dans les journaux qui sont le plus consultés dans les localités où sont situés les biens à vendre. Les tribunaux n'ont pas pensé que le Code de procédure ou le Code de commerce aient prescrit les annonces judiciaires pour assurer une subvention aux journaux de préfecture, et n'ont tenu aucun compte des arrêtés préfectoraux. De là, conflit entre l'autorité judiciaire et l'autorité administrative. Ce n'est plus M. de Persigny qui prétendra qu'il appartient au ministre de l'intérieur de statuer sur des questions de procédure: il ordonnera à ses agents, n'en doutons pas, de respecter la loi et les décisions judiciaires.

venait à disparaître. Il y a dans le décret du 17 février 1852 une série de dispositions qui créent encore pour les journaux une situation des plus difficiles. Ainsi aucun journal ne peut être fondé sans l'autorisation du gouvernement. La transmission de la propriété est également subordonnée à l'agrément du ministre[1], et les mésaventures des propriétaires et des acquéreurs du *Courrier de Paris* sont encore présentes à tous les esprits. Deux condamnations judiciaires encourues dans l'espace de deux ans entraînent de plein droit la suppression du journal, quelle que soit l'infraction qu'elles répriment, qu'elles résultent d'attaques contre la dynastie ou la forme du gouvernement, ou bien de la publication de fausses nouvelles faite de bonne foi, ou même de l'omission d'une simple signature. Si l'administration avait poursuivi, comme elle en avait le droit, tous ces bruits erronés qui ont accès dans les colonnes des feuilles publiques, il n'y aurait plus depuis longtemps un seul journal en France. Il est donc impossible d'admettre qu'en droit la presse ait la même liberté qu'en Angleterre.

Nous conjurons M. de Persigny de méditer encore cette question, et nous ne doutons pas qu'il ne revienne sur des appréciations dont la presse anglaise, aussi bien que la presse française, lui ont démontré le caractère erroné. Rien d'ailleurs ne peut être fait d'une façon définitive en ce moment, puisque les modifications qui seraient jugées nécessaires au décret du 17 février 1852 ne peuvent être votées que par les Chambres; en outre, nous pouvons attendre sans trop d'impatience, car M. de Persigny nous rend, en fait, la liberté de la presse, puisqu'il nous a promis de renoncer, dans la pratique, au régime des avertissements, excepté dans le cas, fort improbable, d'attaques contre la dynastie ou la forme du gouvernement.

---

[1] *Histoire d'une demande en autorisation de journal, simple question de propriété,* par M. Leymarie, suivie d'une consultation de M. Paul Andral, avocat à la Cour impériale de Paris.

XI

CONCLUSIONS.

Nous n'imiterons pas ces démocrates qui ont tant déclamé contre la
Charte octroyée de 1814 et la *Charte bâclée* de 1830 : nous pren-
drons le bien que Dieu nous envoie, sans cesser d'espérer mieux ;
nous remercierons sincèrement M. de Persigny de ses intentions
si droites ; nous le féliciterons sans réserve des premiers actes de
son administration, de ses circulaires, de l'amnistie qu'il a obtenue
pour les journaux, et de la latitude qu'il promet à leurs discussions.
Il comprendra toutefois quelle serait notre sécurité si nous ne devions
qu'à la loi seule, la liberté que, dans les circonstances actuelles,
nous ne tenons que de lui et que nous pourrions perdre si une combinaison politique l'éloignait des affaires ; il ne s'étonnera donc pas de
nous voir aspirer à un ensemble plus complet de garanties.

Quelles seront les conséquences de la combinaison du 24 novembre 1860 ? Si les forces vives du pays répondent à l'appel que
l'on semble leur adresser, nous réussirons peut-être à conjurer tous
les dangers qui nous menacent : l'éducation politique de la France si
malheureusement interrompue recommencera ; les passions révolutionnaires seront domptées par la seule puissance qui ait raison
d'elles, une discussion libre et sérieuse ; l'Europe, en voyant la France
occupée de ses propres affaires, se rassurera, et la paix générale se
raffermira.

Mais ces grands résultats dépendent entièrement de l'attitude du gouvernement, des Chambres, de la presse et du pays lui-même.

Le gouvernement, s'il veut que son œuvre soit durable, doit s'efforcer de convaincre le pays qu'il ne désire en rien restreindre les pouvoirs des Chambres, qu'il n'aura pas recours à des moyens détournés pour échapper à leur contrôle, qu'il leur soumettra les questions entières, au lieu d'apporter des faits accomplis sur lesquels, à moins d'une rupture éclatante, elles ne pourraient revenir, qu'il ne s'alarmera pas de leurs velléités d'indépendance, qu'il les secondera dans leur désir légitime d'économiser les deniers publics et de ne pas augmenter les charges qui pèsent sur le pays, et qu'il ne prendra pas d'ombrage de leur crédit.

« Lorsqu'on se décide à introduire les Assemblées dans le gouvernement, il ne faut pas le faire à moitié, car elles forcent les portes qu'on ne voudrait qu'entr'ouvrir. Il faut, si on les admet, les admettre franchement, agir à leur égard avec confiance et résolution, et on parvient ainsi à les conduire, si on sait ce que l'on veut, si ce qu'on veut est avouable, si on le veut fortement, et si on a le talent de communiquer par la parole sa volonté aux autres. Alors les Assemblées s'associent au gouvernement, s'y intéressent, se passionnent pour lui, et d'obstacles qu'elles étaient deviennent une force véritable[1]. »

En outre, M. de Persigny rendra un service signalé au pays, en travaillant à la décentralisation administrative, pour laquelle il a toujours fait preuve d'une prédilection éclairée; il donnera aux intérêts locaux et à la liberté des élections, que les excès de zèle de certains préfets ont trop souvent compromis, des garanties réelles, en ne reculant pas devant certains changements indispensables.

Les Chambres, de leur côté, obtiendront une autorité qui leur a manqué jusqu'à ce jour, en gardant une attitude moins modeste et en montrant qu'elles ont la conscience de leur pouvoir et de leur indépendance. Que leurs Adresses reflètent les vœux de l'immense majo-

---

[1] Thiers, *Histoire du Consulat et de l'Empire*, t. XVIII, p. 265.

rité du pays, qu'elles professent un attachement inébranlable pour les principes d'ordre sur lesquels reposent les sociétés, qu'elles respirent un dévouement sincère à la liberté politique, qu'elles réclament l'abrogation de la loi de la sûreté générale, incompatible avec les principes de 1789 sainement interprétés, qu'elles revendiquent pour la presse des garanties légales telles, que sa sécurité ne dépende plus absolument de la présence d'un homme d'État loyal et éclairé au ministère de l'intérieur; que les membres du Corps législatif ne donnent plus le spectacle attristant d'hommes qui, après avoir parlé dans un sens, votent dans l'autre; que les députés et les sénateurs, enfin, recherchent une popularité de bon aloi en ne laissant pas au pouvoir seul l'initiative des réformes libérales! Si les Chambres suivent cette ligne de conduite, elles pourront beaucoup pour l'avenir de la France.

Pour atteindre ce but, la dissolution du Corps législatif est-elle nécessaire? Dans les circonstances actuelles, nous ne croyons pas à cette nécessité au même degré que M. Prévost-Paradol. Mais, si nous ne redoutons pas d'arrière-pensée chez un écrivain qui a prouvé de tant de manières sa fidélité à la cause de la vraie liberté, nous n'avons pas la même confiance dans le *Siècle*, qui demande à grands cris la convocation des colléges électoraux. Les hommes de cette dernière école disent que le Corps législatif est trop conservateur : ils n'attendent rien de lui pour le triomphe des idées révolutionnaires. Quant à nous, une de nos craintes, c'est que la Chambre élective ne soit pas assez résolûment conservatrice précisément parce qu'elle n'est pas assez libérale, et qu'elle ne sache pas, par la fermeté de son attitude, déconcerter les projets de désorganisation générale caressés par les amis et les alliés du *Siècle*.

La presse, nous l'espérons, mettra à profit la liberté momentanée que lui a valu l'arrivée de M. Persigny aux affaires, pour prouver, par des discussions sérieuses, modérées à l'égard des personnes, mais fermes sur les principes, qu'elle est digne de la liberté.

Les citoyens enfin ne pourront s'abstenir plus longtemps de prêter leur concours à la société; ils devront remplir tous leurs devoirs civiques et n'attendre le triomphe définitif de l'ordre et de la liberté que de la persévérance de leurs convictions, de leurs efforts et de leurs sacrifices.

PARIS. — IMP. SIMON RAÇON ET COMP., 1, RUE D'ERFURTH.

www.ingramcontent.com/pod-product-compliance
Lightning Source LLC
Chambersburg PA
CBHW051744050726

47598CB00003B/1331